Gottfried Schleinitz

Annäherungen
Quantenphysik und Theologie

Gedanken-Splitter
Versuch und Irrtum
Fragmente und Impulse
Perspektiven und Chancen

Gottfried Schleinitz

Annäherungen

Quantenphysik und Theologie

Bibliografische Information der Deutschen Nationalbibliothek:
Die Deutsche Nationalbibliothek verzeichnet diese Publikation
in der Deutschen Nationalbibliografie; detaillierte bibliografische Daten
sind im Internet über dnb.dnb.de abrufbar.

Herstellung und Verlag: BoD – Books on Demand, Norderstedt
Layout: Ulrike Weißgerber, Leipzig

ISBN 9783756888375

Die friedliche Revolution der Physik (Naturwissenschaft) empfiehlt
die fällige Reformation der Theologie (Geisteswissenschaft)

Auf den Griechen Heraklit (550–480 v. Chr.) geht die Formulierung zurück „panta rei" (alles fließt). Alles ist in Bewegung. Alles entsteht und vergeht. Von Anfang an. Apriori.

Das ist zu vertiefen:

Längst wissen wir es.
Alles ist in Bewegung. Oder es ist Nichts.
Leben ist Bewegung. Oder es ist kein Leben.

Längst wissen wir auch das:
Alles hat eine Richtung. Und alle Richtungen lassen sich letztendlich auf zwei reduzieren: Die Bewegung aufeinander zu. Die Bewegung voneinander weg.
Kreaturen und Kontinente, Galaxien und Gestirne bewegen sich aufeinander zu oder voneinander weg. Mit Gedanken und Worten, mit Metaphern und Symbolen verhält es sich ebenso.

Sind auch Wissenschaften/Wissenschaftler in Bewegung? Und in welche Richtung? Aufeinander zu oder voneinander weg?
Wissenschaften/Wissenschaftler, die sich nicht mehr bewegen, sind tot.
Alles, was tot ist, ist nicht zukunftsfähig.

Das ist zu konkretisieren:

Sind etwa (Quanten)Theologie (so nenne ich „offene" Theologie) und (Quanten)Physik in Bewegung? Aufeinander zu oder voneinander weg? Wäre demzufolge Annäherung ein Ausdruck ihrer Lebendigkeit?

Bewegung braucht Impulse. In unserem Zusammenhang: Bewegung braucht den Willen des Bewegers. Wollen sich Theologen und Physiker überhaupt angstfrei aufeinander zu bewegen? Wenn ja – wie? Oder bewegen sie sich eher ängstlich und abgrenzend und absichernd voneinander weg?

Meiner Wahrnehmung nach sind inzwischen doch einige Annäherungen zu beobachten. Beispielsweise in der Erkenntnis einer gewissen Notwendigkeit. Freilich noch keimhaft und zaghaft. In der Öffentlichkeit kaum spürbar. Noch sind es nur Fragestellungen und Fragerichtungen. Jedenfalls tut sich was!

Annäherung als Kommunikation im menschlichen Miteinander wie im wissenschaftlichen Diskurs ist nicht möglich ohne „Worte". „Brückenwörter" könnten sinnvolle Instrumente sein für das „Aufeinander zu". Theologen wie Physiker könnten davon profitieren, wenn sie sich an solchen „Brückenwörtern" orientieren.

Dazu noch eine Überlegung. Wenn ein „Wort", im uralten Sinn von „Logos", unterwegs ist, bewegt und verändert es. Brückenwörter könnten so funktionieren, könnten bewegen und verändern. Theologen wie Physiker könnten sich gegenseitig sozusagen in ihre Hand begeben und in diesem Versuch aufeinander zu bewegen.

Das ist zu verifizieren:

Wie wäre ein konstruktiver Umgang mit dem Wort „Potentialität"? Ein mögliches „Brückenwort". Und der Umgang mit diesem Wort nicht ängstlich abgrenzend und absichernd, sondern neugierig und gespannt – darauf, was der jeweils andere dazu denkt, damit verbindet, daraus ableitet.

EXKURS 1   Versuch einer Charakteristik

Potentialität ist nur denkbar ohne Entität.
Sie ist also nicht machbar, nicht messbar, nicht sichtbar, nicht greifbar, nicht wahrnehmbar, nicht präjudizierbar, nicht planbar, erst recht nicht lokalisierbar.

Potentialität ist zu verstehen als totales Sein, als reines Abstraktum.
Sie kann bezeichnet werden als ein „Sein" vor einem „Ist".

Potentialität ist kompatibel und praktikabel.
Sie ist sachlich kompatibel wie sprachlich praktikabel mit dem, was Geist meint.

Potentialität ist so etwas wie die umfassendste Herkunftsumschreibung von allem.
Sie nennt die mögliche Quelle von dem, was geworden ist, was ist, was sein wird, von allem, was mit Materie oder Energie zu tun hat, und von allem, was in Erscheinung tritt.

Potentialität ist logischerweise als Ursache von Wandel zu verstehen.
Sie hat wesentlich (prinzipiell) Prozesscharakter.

Potentialität ist tendenziell auf Realisierung aus.
Sie ist in der Lage, im Menschlichen, im Irdischen, im Immanenten zu kondensieren, zu materialisieren, zu strukturieren. Sie ist fähig zu Konkretion und Inkarnation.

Potentialität ist trotzdem unverfügbar.
Sie kann für den Menschen immer nur geliehen oder empfangen sein.

Potentialität ist fähig zu personaler Kommunikation.
Sie kann in der spirituellen Dimension ansprechbar werden (das entspricht dem „Du" im Gebet mit den möglichen Metaphern für dann „existentiell gewordene Potentialität").

Potentialität tangiert den existentiellen Bereich.
Sie weckt Vertrauen, eröffnet Hoffnung, verstärkt Gewissheit, begründet Identität.

Potentialität ist ein möglicher Anschluss an das „Große Geheimnis".
Sie versprachlicht das Numinose. Und „Großes Geheimnis" ist die wohl schönste, beste, treffendste Metapher für alles Woher und Wohin, Warum und Wozu – für Gott.

Damit befinden wir uns sozusagen auf der „Brücke" zwischen Naturwissenschaft und Geisteswissenschaft.

EXKURS 2   Versuch einer Analogie

Auch Gott ist nur denkbar ohne irgendeine Entität; nicht machbar, messbar, sichtbar, greifbar, wahrnehmbar, präjudizierbar, planbar, erst recht nicht lokalisierbar.

Auch Gott wäre zu bezeichnen und zu verstehen als Sein vor dem Ist.

Auch Gott ist Herkunft und Quelle von dem, was geworden ist, was ist, was sein wird, von allem, was irgendwie mit Materie oder Energie zu tun hat, von allem, was in Erscheinung tritt.

Auch Gott will konkret werden, sich manifestieren, im Hier und Jetzt.

Auch Gott bleibt trotzdem unverfügbar.

Auch Gott ist ansprechbar im Gebet. Mit vielen ehrfurchtsvollen und liebevollen Attributen und Metaphern.

Auch Gott weckt Vertrauen, stiftet an zu einer lebendigen Hoffnung, verstärkt Gewissheit, begründet Identität.

Damit befinden sich auch Frömmigkeit, Theologie, Kirche auf dieser „Brücke".

Daraus ergeben sich Konsequenzen:

Theologen nach Tillich, Bonhoeffer, Sölle, Moltmann entdecken eine un-dogmatische Tiefe, eine Freiheit zu experimentieren, eine Offenheit über klassische Theologie hinaus. Physiker nach Planck, Einstein, Heisenberg und von Weizsäcker entdecken ihre Nähe zu Transzendenz, möglicher-weise sogar zu Kosmologie und Religion. Sie lassen sie zu. Theologen und Physiker verständigen und vernetzen sich. Sie (lernen) verzichten auf exklusive Deutungshoheit, gegenseitige Abwertungen, einseitiges Begriffsmonopol, permanenten Apologie-Modus.
Bisher waren Fragerichtungen ziemlich klar geregelt. Naturwissenschaft erforscht das SEITHER (seit dem „Urknall"). Geisteswissenschaft fragt nach dem WOHER (vor dem „Urknall").

Impulse ergeben sich nahezu von selbst:
Abschied von Determinismus / Dogmatismus / Dualismus / Materialismus

Sobald wir den **Determinismus** verlassen
Macht Sinn nur
Vertrauen in etwas jenseits vom Modus Ursache-Wirkung
Sobald wir den **Dogmatismus** verlassen
Macht Sinn nur
Toleranz gegenüber und Neugier auf das (Ganz) Andere
Sobald wir den **Dualismus** verlassen
Macht Sinn nur
Hoffnung (die nicht stirbt) auf das Bestmögliche (Eigentliche)
Sobald wir den **Materialismus** verlassen
Macht Sinn nur
Das Gespannte Offen-Sein für Transzendenz (Potentialität)

Bereits seit einiger Zeit ist gelegentlich zu beobachten:

Naturwissenschaft greift nach Begriffen aus der Geisteswissenschaft (Um-gang mit dem Geist-Verständnis)
Naturwissenschaft bringt PROTYPOSIS mit GEIST/SCHÖPFUNG in einen inhaltlichen Zusammenhang.
Geisteswissenschaft greift nach Begriffen aus der Naturwissenschaft (Um-gang mit dem Wirklichkeits-Verständnis)
Geisteswissenschaft bringt POTENTIALITÄT mit GEIST/GOTT in einen inhaltlichen Zusammenhang.

Es wäre gut, sich vor der weiteren Lektüre die vier folgenden Fragen ehrlich zu beantworten:

Was könnte mich an dem Thema interessieren?
Was bewegt mich eigentlich in dieser Zeit?
Welche Beziehung habe ich zu Physik und Theologie, zu Naturwissenschaft und Geisteswissenschaft überhaupt?

Das Terrain, auf dem wir uns bewegen, ist alles andere als eine idyllische Oase oder ein sonniger Strand oder ein gut erschlossenes Urlaubsparadies. Das Terrain ist unwegsam, manchmal zerklüftet, wenig einladend. Neuland eben, aber faszinierend. Soviel kann ich versprechen. Und spannend wird es – im Selbstversuch erlebt.

Wir nehmen nur das Nötigste mit: Neugier und Zeit. Wir lassen unnötigen Ballast zurück: Vorurteile vor allem. Was wir allerdings unbedingt brauchen: Frusttoleranz und Frustresistenz. Aufgeben geht nicht. Anfangen ist ein „Dauerbrenner".

Wir werden uns nicht einlassen auf mathematische Formelmonster oder komplizierte Zahlensysteme. Wir brauchen keine detaillierte Kenntnis von Kontroversen zwischen klassischer Physik und Quantenphysik.

Worauf wir uns allerdings einlassen müssen: Bilder, die wir uns gemacht oder die wir übernommen haben, Bilder von der Welt, von Gott, vom Menschen – solche Bilder gehören auf den Prüfstand. Das bedeutet vielleicht, dass wir einige liebevoll gehegte Gedanken loslassen. Das bedeutet möglicherweise, dass wir bisher ungewohnte Gedanken schon mal zulassen. Das bedeutet auch, dass wir den „Verdacht" haben sollten, an dem, was ziemlich oder sogar absolut fremd daherkommt, könnte „was dran sein". Was insgesamt ratsam ist: dass wir Widerstand gegen die eine oder andere Vorstellung in Neugier verwandeln. Das Tor zum Neuen Denken steht offen. Der Schritt über die Schwelle ist möglich.

Den letzten hundert Jahren gehört besondere Aufmerksamkeit. Denn längst nicht sind die Erkenntnisse jener „Zeitenwende" Allgemeinwissen. Auch nicht Bewusstseinsinhalt. Immer noch sind wir weithin faktenorientiert, faktengesteuert, faktenunterworfen.

Einige nötige Vorbemerkungen zu diesem ENTWURF

Zugrunde liegen einige Dialoge (auch elektronische) mit einigen befreundeten Physikern. Auch mit Quantenphysikern. Zunächst waren es eher tastende Versuche. Bald intensiver Gedankenaustausch. Immer wieder wurde deutlich, wie unterschiedlich wir ambitioniert sind. Immer wieder wurde deutlich, wie schwer es ist, diffizilere Zusammenhänge zu versprachlichen. Dabei bleibt es wichtig, Gesagtes und Gemeintes auseinanderzuhalten und dem Gemeinten – nicht nur pragmatisch – Priorität zu geben.
Mir fällt dabei auf, dass vor allem der Theologe Worte gebraucht, Begriffe verwendet, die nicht exakte Definitionen, sondern integrierende Kommunikation im Sinn und zum Ziel haben. Worte, die Brücken werden könnten. Physiker haben meiner Wahrnehmung nach eher nötige Trennschärfe auf dem Schirm als mögliche Gemeinsamkeit.

Teil A:
Diesen Teil haben besonders intensive Klärungsversuche begleitet. Exaktheit in Frage und Antwort waren maßgebend. Verstehen kam an seine Grenze. Und manche Positionen hinter Definitionen konnten nicht immer kommuniziert werden.
Da ist beispielsweise das Problem mit dem Begriff „Materie". Wenn Physiker „Etwas" „ruhemasselos" denken können, müssen sie sich fragen lassen, ob das denn dann noch dem Begriff „Materie" genügt. Wenn nicht, müssen sie sagen können, wie sie „Es" dann nennen wollen.

Teil B:
Haben wir in unserer Problemstellung ein besseres Wort als „Geist", um Immaterielles zu bezeichnen?
Bei Physikern besteht möglicherweise eine Scheu, als Naturwissenschaftler von „Geist" zu sprechen. Bei Theologen besteht möglicherweise eine Scheu, von „Geist" zu sprechen ohne damit die Dimension des Spirituellen zu meinen. Nur wenige Physiker und Theologen vermuten, dass der Begriff „Potentialität" zum kommunikationsfähigen Begriff der Zukunft werden könnte.

Teil B und C:
Beim Lesen von Schlüssel-Begriffen (Dualismus u. a.) ist zu bedenken, dass ihnen nicht möglichste Genauigkeit, vielmehr der umgangssprachliche Gebrauch zugrunde liegt.

A. ERKENNEN

Es kann hier nur andeutungsweise darum gehen, verschiedene Impulse der Quantenphysik darzustellen. Das in diesen Zusammenhängen eher begrenzte Verständnisvermögen eines Theologen erschwert das Ganze natürlich. Wir beschränken uns auf Impulse, die empfehlenswert sein können.

Was hoffentlich hilfreich ist:
der Versuch der Gegenüberstellung von klassischer Physik und Quantenphysik.
Auf diesen bescheidenen Versuch will ich es schon mal ankommen lassen. Die Übersicht hat Stichwortcharakter.

1

– Jahrhunderte lang war die Physik bemüht, alles (das All, das Universum – alles was ist) zurückzuführen auf das kleinste Teilchen. Bereits die Antike war auf der Suche nach dem „a-tomos", dem Unteilbaren. Das Interesse galt vorrangig den Fakten und dem Faktischen, dem irgendwie Messbaren.
– Die Quantenphysik legt den Fokus mehr auf das Mögliche, auf den möglichen Raum der zu erwartenden Ergebnisse. Und was der Begriff „Potentialität" meint, ist mehr als das, was „Wechselwirkung" im Blick hatte. Auch der Wirklichkeitsbegriff hat sich gewandelt. Wirklichkeit besteht aus Realität und Potentialität.

2

– Die klassische Physik geht davon aus, dass im Prinzip alles messbar ist. Was nicht messbar ist, sprengt den Rahmen der Naturwissenschaft. Das gilt natürlich auch für die Quantenphysik. Jedes Teilgebiet der Physik ist ohne experimentelle Verifikation nicht denkbar. In der klassischen Physik war man allerdings der Meinung, dass man die Messergebnisse beliebig genau berechnen (bzw. sogar vorhersagen) kann, wenn man nur alle notwendigen Anfangsdaten kennt.
– Schon am Anfang der Quantenphysik markiert Heisenberg eine Grenze der klassischen Physik. Seine Unschärferelation besagt, dass zur

gleichen Zeit Ort und Impuls nicht beliebig genau messbar sind. Dieser Ansatz hat in der Naturwissenschaft viel verändert.

3

- Noch bis ins vorletzte Jahrhundert galt: das Ganze ist die Summe vieler Teile.
- In der Quantenphysik ist das Ganze mehr als die Summe seiner Teile.

4

- Etwas verkürzt formuliert, die Forschung der klassischen Physik war weitgehend auf ein „entweder oder" ausgerichtet. Ein „sowohl als auch" war schnell dem Verdacht der Unwissenschaftlichkeit ausgesetzt. Im „Streit" der Wissenschaft ging es beispielsweise darum, ob denn das Licht aus Teilchen besteht (Newton) oder eine Welle ist (Huygens). Es kann nur eines von beiden richtig sein.
- Im Horizont der Quantenphysik kann Licht beides sein – Teilchen und Welle. „Sowohl als auch" ist möglich. Es gibt Experimente, die das Licht als Teilchen rechtfertigen (photoelektrischer Effekt). Und es gibt Experimente, die das Licht als Welle zeigen (Doppelspaltexperiment). Noch etwas: Der Zustand des gemessenen Objekts hängt von der Messung ab. Vor der Messung ist das Objekt – wenn man es so vereinfacht sagen kann – im Zustand einer bestimmten Mischung aller möglichen Messwerte. Nach der Messung besitzt es genau den Zustand eines (!) Messwertes. Das ist in der klassischen Physik nicht verständlich. Beispiel: wenn es die Farben Rot, Grün oder Blau annehmen kann, ist ein Quantenobjekt ohne Messung im allgemeinen eine Mischfarbe. Die Messung ergibt aber entweder Rot oder Grün oder Blau – abhängig vom „Mischungsverhältnis". Das Objekt ist nach der Messung genau in dieser Farbe – es ist kein Mischzustand mehr. Auch das ist in der klassischen Physik nicht möglich.

5

- In der klassischen Physik hatte eine Information stets Sender und Empfänger. Sonst hätte man nicht von Information gesprochen.
- Am Begriff „Information", wie er von Quantenphysikern gebraucht wird, zeigt sich, wie Physik und Philosophie einander nahekommen (können). Von Weizsäcker und nach ihm Görnitz haben den Informationsbegriff stark verändert und erweitert. Information kann nun auch

ohne Bedeutung denkbar sein. Davon geht die Protyposis-Hypothese von Thomas Görnitz aus. „Leere", „bedeutungsfreie" Information nennt er eine Information, die noch von nichts „belegt" ist, noch keine Entität hat. „Protyposis" ist übersetzbar mit „bevor etwas geprägt ist". „Bedeutungsfreie" Information wird schließlich zur Quelle für alles, für das All, für das Universum. „Bedeutungsfreie" Information wird zur „bedeutungsvollen" Information, letztendlich auch zu Energie und Materie. Information „kondensiert" gewissermaßen, wird mit „Koordinaten" versehen, mit „Zeit und Raum" verbunden. Das wird dann auch das Ausgangskonzept für die Theorie der Evolution des Geistigen bis hin zum menschlichen Bewusstsein. Der „Natur"-Wissenschaftler befindet sich in erstaunlicher und wachsender Nähe zum „Geistes"-Wissenschaftler.

6

- In der klassischen Physik war nur das Denken „Ab dem angenommenen Urknall" auf der wissenschaftlichen Tagesordnung.
- Im Horizont der Quantenphysik ist auch das Denken „Vor dem angenommenen Urknall" im Visier der Wissenschaft. Damit ist sogar der Schritt zur Kosmologie getan.

Diese Übersicht ist zumutbar unvollkommen!
Sie kann aber vielleicht,
wenn auch nur in höchstem Maße aphoristisch,
die elementare Entwicklung der Physik anfangs des
20. Jahrhunderts verdeutlichen.

B. BEGEGNEN

Es lohnt, die fundamentalen Gedanken über Potentialität mit biblisch-theologischen Erwägungen ins Gespräch zu bringen. Es zeigen sich überraschende Spuren in der Bibel.

In Genesis 1 lesen wir „die Erde bringe hervor". Es geht nicht um Fakten. Es geht um Prozesse. Nicht um das *Ist im Sein,* sondern um das *Ist im Werden.* Etwas salopp: der Schöpfer stellt nicht Produkte zur Verfügung, nur das Material. Bereits die Schöpfungsgeschichte weiß, dass vor dem Faktum die Möglichkeit steht:
Potentialität als Prozess.

In Genesis 1/26 lesen wir „zum Bilde Gottes schuf er (Gott) ihn (den Menschen)". Hier ist die Metapher vom „Ebenbild" verwurzelt. Hier finden wir den Gedanken, dass der Mensch geschaffen sei, damit er Gott entspricht, sich mit Gott identifiziert, ihm (zum Verwechseln) ähnlich wird. Wunderbar ist das, was einst schon die Bibel in ihrer mythisch-religiösen Sprache verkleidet:
Potentialität als Entwurf.

Im Buch der Könige lesen wir, Sauls Überleben als Herrscher hängt davon ab, dass der Geist Gottes, seine Potentialität, auf ihm ruht. Pontifikat wird nur möglich durch Potentialität. Fakten sind Folgen. Schon die Bibel kennt also den Zusammenhang:
Potentialität als Autorität.

Die Psalmen sind voller wunderbarer Bilder. Sie reden mehrfach von der „Quelle" (des Lebens). In der Metapher „Quelle" kommt das Woher des Lebens in den Blick:
Potentialität als Woher.

Bei den Propheten wird mit dem Willen Gottes das zur Sprache gebracht, worauf es ankommt. Im Jetzt. Im Hier. Potentialität ist gleichsam Wille geworden, welcher dann soziales und politisches und spirituelles Handeln zur Folge hat – faktisch wird:
Potentialität als Impuls.

Bei vielen Gleichnissen verhält es sich ähnlich wie bei den Bildern in den Psalmen. Metaphern sind die Sprache des Möglichen, transportieren sozusagen das Mögliche:
Potentialität als Chance.

In Markus 9 heißt es: „Alles ist möglich dem der da glaubt":
Potentialität als Motiv

In Matthäus 28/20 ist die Allgegenwart Jesu als Zusage thematisiert:
Potentialität als Kontinuum.

In Lukas 17/21 ist „das Reich Gottes „mitten unter euch" / „zwischen euch":
Potentialität als Kommunikation.

Johannes 3 spricht davon, dass der „Geist Gottes weht wo er will":
Potentialität als Geist.

Johannes 1 spricht vom „Logos". Ohne Wenn und Aber:
Potentialität als Prinzip.

In Johannes 8 wird das „Licht der Welt" zum Grund für Verstehen/ Erkennen:
Potentialität als Voraussetzung.

In Johannes 14 wird die Voraussetzung für die Alltagspraxis thematisiert:
Potentialität als Wahrheit.

In Römer 8/14 steht der entscheidende (Neben)Satz: „die der Geist Gottes treibt":
Potentialität als Orientierung.

In 1. Korinther 12 dann die bekannten Aussagen über die „Charismen":
Potentialität als Befähigung.

In 2. Korinther 4 ist die Rede vom „hellen Schein, der in die Herzen gegeben ist":
Potentialität als Habitus.

Im Hebräerbrief (Kapitel 1) Glaube als „gewisse Zuversicht": **Potentialität als Perspektive.**

Potentialität kann offenbar sogar an Orte gebunden sein:
Wüste, Berg.

Potentialität kann an Rituale gebunden sein:
Salbung, Handauflegen.

Potentialität kann an bestimmte Träger gebunden sein:
„Elemente" wie etwa Brot und Wein, Wasser und Öl.

Taugt POTENTIALITÄT als BRÜCKEN-SPRACHE?
Wird POTENTIALITÄT ein Wort auf der Brücke zwischen Theologie und Physik?

Es lohnt, mögliche Konsequenzen
aus den fundamentalen Überlegungen
zur Potentialität zu ziehen
für Gottesbild, Menschenbild, Kirche, Gesellschaft.
Möglicherweise befreiende Wandlungen
für Gottesbild und Menschenbild.
Möglicherweise zwingende Konsequenzen
für Kirche und Gesellschaft.

Bisher weithin üblich:
Wenig differenzierter Dualismus mit unseligen Fronten

Wir werden auf alternativlosen Wegen zu alternativlosen Zielen erzogen. Weltweit. Aus Unterschieden machen wir Gegensätze. Einsprüche werden zu Widersprüchen. Kompromisse sind immer faul. Ein Drittes gibt es nicht: „tertium non daretur". Es gilt nur das strikte „Entweder/Oder". Ein „Sowohl/als auch" ist unmöglich. Es gibt nur „Ja oder Nein". „Ja und Nein" wird nicht akzeptiert. Die Liste ist lang und bleibt vermutlich unvollkommen: richtig oder falsch, gut oder böse, schön oder schlimm, weiblich oder männlich, stark oder schwach, warmherzig oder kaltblütig, Klartext oder Drumherum.

Kein Wunder, wenn sich dualistische Muster auch in theologisches Denken einnisten. Kein Wunder, wenn sich Dualismen auch in Glaube und Kirche tummeln.

Gefährliche Einstellungen wie bedenkliche Handlungen sind in der Regel die Folge: Schwarz-Weiß-Denken, alternativloser Zwang, gnadenloser Druck.
Dualismen sind Feinde jeder Kommunikation und ein Prinzip des Fundamentalismus. Der Gott der Christen aber hat es von Anfang an abgesehen auf Kommunikation. Die Rede von der Menschwerdung Gottes ist die prägnanteste, perspektivenreichste, gnädigste Formulierung dafür.

Die Begegnung mit dem *Quantischen Weltbild* ist verheißungsvoll. Diese Begegnung hätte Konsequenzen weit über Glaube und Kirche hinaus:

1. Ich gewinne einen Mehr-Wert an Toleranz. Ich bin nicht mehr in den Kategorien von „Entweder so oder so", „Richtig oder Falsch" gefangen. Ich kann auch andere und anderes gelten lassen. Das beginnt bereits mit dem Verdacht, der andere könnte vielleicht doch Recht haben.
2. Ich verzichte auf Absolutheitsansprüche. Ich muss nicht mehr das vermeintlich einzig Richtige und Wahre vertreten und verteidigen. Und die anderen müssen nicht so wie ich denken.
3. Ich wechsle die Prioritäten. Ich favorisiere weniger das Trennende. Ich muss mich nicht mit stressintensiven Strategien abschotten. Ich favorisiere das Verbindende. Alle Beteiligten gewinnen Lebensqualität. Wir

sind Teilhabende und Teilnehmende am „Untrennbar Ganz-Einen" (so haben es in ihren Dialogen Hans-Peter Dürr und Werner Heisenberg formuliert). Und noch etwas: Ich organisiere Leben danach, wie Gott mich beschenkt und nicht daraufhin, wie mich der Teufel bedroht. Das bedeutet einen ziemlichen Mehrwert an Freiheit.

4. Ich verändere meine Perspektive. Ein Verzicht auf dualistische Betrachtung betrifft wesentlich den Umgang mit dem Gegensatz von Buchstabe und Geist. Buchstaben zementieren. „So steht geschrieben". Der nötige Gegenwind kommt von dem im Buchstaben „transportierten" Geist. Entscheidend ist „was ist gemeint". Manche Form von Orthodoxie sowie manche Form von Instrumentalisierung werden konstruktiv relativiert.

Bisher weithin üblich:
Unreflektierter Determinismus mit unglücklichen Perspektiven

Wir werden von Kindesbeinen an, später in Schulen und Hochschulen, erst recht im Beruf und in allen denkbaren Lebensumständen bis zur möglichen Sterbebegleitung mit einer unbarmherzigen Logik konfrontiert: die Ursache-Wirkung-Logik – wir werden zu einem entsprechenden Verhalten mit allen Mitteln gezwungen.

Gesellschaft und Wissenschaft sind darauf eingeschworen. Mit seltsam anmutender Selbstverständlichkeit. Wie siamesische Zwillinge kommen sie daher: Ursache und Wirkung. In einer allen Systemen trotzenden Symbiose bleiben sie ein lebendiges Duett. Und in ihrer fast unwidersprochenen Logik haben sie einen erstaunlichen Automatismus entfaltet. Alles hat seine Ursache zu haben! Woher aber kommt die Ursache? Alles hat seine Wirkung zu haben! Wohin aber zielt die Wirkung? Viele denken: Was ist da bedenklich? Ist Determinismus nicht unleugbare Realität, alles andere zeitraubende Spinnerei? Macht mich Determinismus nicht sicher und gewiss? Wäre ich sonst nicht hoffnungslos orientierungslos?

Kein Wunder, wenn sich deterministische Muster auch in Theologie und Frömmigkeit einmischen und wenn sich religiöse Institutionen wie die Kirchen nur allzu gern ihrer bedienen.

So kann sich über Jahrhunderte ein „berechnender" Glaube ausbreiten. Mehr oder weniger unbewusst praktizieren viele ihre Frömmigkeit nach der Parole „wenn ich glaube, dann bin ich besser, geht es mir besser, wird alles besser. Mein Glaube zeigt Wirkung, zahlt sich aus, bringt was! Es kann in der Tat so sein. Oft aber wird aus einem dankbaren „Ich glaube, weil" ein kalkulierendes „Ich glaube, damit". Nach dem Prinzip „do ut des". Darauf sind oft Gebete justiert. So funktioniert oft auch Mission.

Die Begegnung mit dem *Quantischen Weltbild* ist verheißungsvoll. Diese Begegnung hätte Konsequenzen weit über Glaube und Kirche hinaus:

1. Mein Glaube muss sich nicht rechnen. Er wird zunehmend dankbarer für die Geschenke des Himmels. Mein Glaube ist nicht dahin ausgerichtet, damit etwas geschieht oder um etwas zu erreichen. Er wird gelassener, getroster, entspannter, entkrampfter im Blick darauf, was geschehen ist, was geschieht, was geschehen wird. Hoffnung bleibt nicht mehr nur Worthülse oder Schlagwort.
2. Mein Glaube muss nicht versuchen, Gegenwärtiges wie Zukünftiges in die Hand zu bekommen. Er wird lockerer, freier, offener. Ich kann besser, wohl auch leichter empfangen. Ich bin nicht mehr fixiert auf das, was ich sein will oder muss, was ich tun will oder muss. Ich muss nicht mehr müssen.
3. Mein Gottesbild verändert sich. Aus dem Gott, der alles können muss (sonst ist er kein Gott), wird der Gott der Möglichkeiten (auf den ich gespannt sein darf, wie er mich überrascht).
4. Mein Credo verändert sich. Es wird einfacher, auch einladender. „Ich schließe nichts aus" – das genügt!

Bisher weithin üblich:
Gedankenloser Dogmatismus mit unsinnigen Kontrollen

Wir werden bedrängt und bedroht mit scheinbar zeitlosen Wahrheiten. Und diese Wahrheiten sind Fakten. Wie überhaupt alles Wissen faktenorientiert ist. Der Weg der klassischen Physik durch die letzten Jahrhunderte ist nachweislich mit nicht zu überschätzenden Fakten bereitet, geformt, gepflastert. Unsere Welt mit ihrer Politik, Ökonomie, Technik, Kultur, Wissenschaft wäre nicht dort, wo sie im 21. Jahrhundert angekommen ist. Das kann nicht hoch genug bewertet werden. Ebenso realistisch ist aber die Tatsache, dass die Menschheit mit ihrem enormen Wissen an ihre Grenzen gekommen ist. Dieses Paradox wird immer evidenter. Inzwischen gibt es „offenbar" einen „Mehr-Wert". Da ist noch etwas. Und darauf kommt es an. Das hat mit unserer Wirklichkeit zu tun. Die Wirklichkeit ist nicht auseinanderzureißen: da die materiellen Fakten und dort die immateriellen Möglichkeiten. Möglichkeiten sind keine Fakten. Aber sie gehören zur Wirklichkeit.

Kein Wunder, wenn sich dogmatisierende Muster auch in theologisches Denken einnisten. Kein Wunder, wenn sich starre Dogmen auch in Glaube und Kirche finden.

Kirchen, Theologie und Frömmigkeit sind bisher dem Trend angepasst und haben sich der Faktenhoheit unterworfen. Religiöse Sozialisation hat vorrangig Zustimmung zu überlieferten Formulierungen im Blick. Gegenläufige Konzepte haben es schwer. In traditionellen Kirchen geht es darum, was (!) geglaubt wird. Glaubensinhalte, meist dogmatisierte Behauptungen, beherrschen schwerpunktmäßig nahezu alles. Wissen von Glaubenssätzen prägt nach wie vor Bewertung wie Beurteilung von Glauben. Etwa: Glaubst du an Jungfrauengeburt und Himmelfahrt? Stimmst du der Lehre von Tod und Auferstehung Jesu zu? Kennst du Vaterunser und Apostolikum? Was ist dir bekannt über den biblischen Schöpfungsglauben und über die Vorstellungen von der Ewigkeit? Das Bedenkliche daran: Wissen kann kontrolliert werden, Spiritualität eigentlich nicht. Und Glaube ist Äußerung persönlicher Spiritualität, nicht Veröffentlichung von Wissen.

Die Begegnung mit dem *Quantischen Weltbild* ist verheißungsvoll. Diese Begegnung hätte Konsequenzen weit über Glaube und Kirche hinaus:

1. Beziehung bekommt Priorität vor allen Reformen an Strukturen und Hierarchien und Konzepten. Ausschlaggebend ist nicht der Glaube von Menschen, sondern sind die Menschen, die glauben.
2. Kompetenzen werden anders bewertet. Berufskompetenz besteht vor allem in Beziehungskompetenz.
3. Kompromisse rücken in den Vordergrund und verhindern zu schnell definierte Grenzen.

4. Kommunikation mit Gott und Mensch wird oberstes Kriterium.
   Nicht mehr „was", sondern „wie" und „warum" und „mit wem" heißen
   künftige Fragerichtungen. Es geht darum, Inhalte von Glauben zu
   leben, nicht Inhalte von Glauben zu wissen. Das wirkt sich aus auf Identität, Mission und Motivation.

Bisher weithin üblich:
Pragmatischer Materialismus mit unnötigen Alternativen

Wir werden pausenlos, bedenkenlos, auch wehrlos, mit Material gefüttert.
Das ist sowohl Folge als auch Begleiterscheinung des Materialismus. Wohl
erst seit der Aufklärung erscheinen im wissenschaftlichen Diskurs Geist
und Materie diametral entgegengesetzt. Wohl erst die endgültige Tren-
nung von Naturwissenschaft und Geisteswissenschaft hat den Siegeszug
der Materie ermöglicht. Interessant dabei ist: Die klassische Physik hat
den Materialismus und der Materialismus den Kapitalismus produziert.
Erst die Wende zum 20. Jahrhundert stoppte mit ungewohnten Fragen diese Dominanz der Materie, leider noch nicht die des Materialismus.
Max Planck, Albert Einstein, Niels Bohr, Werner Heisenberg, Carl Friedrich
von Weizsäcker, Thomas Görnitz ist es gelungen, die Diktatur der Materie
fundamental zu stürzen. Friedlich. Gewaltfrei. Nachhaltig. Die vom Materialismus geschaffenen Tatsachen sind verständlicherweise immer noch
weithin und wohl noch für einige Zeit im Bewusstsein der Menschen. Auf
materialistischen Boden gewachsene Einstellungs- und Verhaltensmuster
sind lange nicht überwunden oder verwandelt. Diesbezügliche Wirt-
schaftsformen bis zum global wie brutal operierenden Neoliberalismus
sind fest institutionalisiert. Und die weithin herrschende Maxime lautet
immer noch Profitmaximierung.

Kein Wunder, wenn sich materialistische Muster auch in theologisches
Denken einnisten. Kein Wunder, wenn sich materialistische Praxis auch in
Glaube und Kirche manifestiert.

Kirchen, Theologie, Frömmigkeit – ebenfalls „durchmaterialisiert".
Zahlen bestimmen flächendeckend Konzepte und Strategien. Das Kapital
regelt nahezu alle Programme und Prozesse. Die Basis scheint dem wider-
standslos ausgeliefert zu sein.

Die Begegnung mit dem *Quantischen Weltbild* ist verheißungsvoll.
Diese Begegnung hätte Konsequenzen weit über Glaube und Kirche hinaus:

1. Die Fixierung auf das Materielle bis zum Finanziellen (Kapital in allen Varianten) erfährt eine Relativierung. Das alles und alle diktatorisch beherrschende „Haben" bekommt seinen kompetenten Gegenspieler im befreiend potentiellen „Sein".
2. Das Geistige (Geist) begegnet auf Augenhöhe dem Materiellen (Materie). Auf der Bühne der Argumente tritt der Geist nun nicht mehr in der Rolle des Aschenputtels auf. Die Quantenphysik macht den Geist-Begriff salonfähig. Das stabilisiert die Identität von Theologen (Christen), die sich lange genug mit dem Apologie-Modus abfinden mussten.
3. Grenzen zwischen Naturwissenschaft und Geisteswissenschaft (Kosmologie, Philosophie, Theologie) sind durchlässig. Glauben und Denken müssen nun nicht mehr unüberbrückbare Gegensätze sein! Glaubbares gewinnt (mehr) Gewicht gegenüber dem (nur) Sichtbaren. Möglichkeiten relativieren Fakten!
4. Das neue Weltbild tangiert auch das Selbstverständnis der Kirchen. Die Erkenntnis „Das Ganze ist mehr als die Summe seiner Teile" wird umgesetzt auf das Ganze der Kirche? Mit dem Blick auf die bekannte Metapher von der Kirche als „Leib Christi" hätte das ein folgenreiches Umdenken zur Folge. Weithin wird das Bild in seinen Details „per Addition" ausgelegt: Die „Teile" gehören gleichwertig zusammen und bilden eine harmonische Ganzheit. Deutet man das Bild jedoch „per Multiplikation", zeigt sich Erstaunliches: Die Beziehungen der „Teile" miteinander sind Quelle für Chancen und Effekte im Ganzen. Numerisches Zusammen-Sein wird bewegend, belebend, bereichernd abgelöst, von einem organischen Zusammen-Leben. Eine Kirche der Statistik wird zur Kirche der Potenzen.

FAZIT

Eine intensive Beschäftigung mit Quantenphysik, Quantentheorie, Quantenontologie hat es in sich und vieles für sich.

Veränderungen im Gottesbild können befreiend auf Spiritualität wirken. Niemanden festlegen und sich nicht festlegen lassen auf bestimmte Normen oder Formen, ist Gewinn in manchmal erstarrten Vorstellungen von dem, was alles mit Gott zu tun hat, oder haben könnte. Es bedeutet angstfrei (guten Gewissens), offen (locker), flexibel (doch nicht beliebig), kommunikativ (dabei aber nicht oberflächlich) das Gespräch mit Gott (Gebet) und das Gespräch über Gott (Theologie) zu führen. In der Pädagogik, in Auseinandersetzungen mit Pubertierenden, Adoleszenten, Unsicheren, Suchenden werden Experimente legitim (Individualität vor Gruppenzwang). In Verkündigung und Seelsorge den „Gott der Möglichkeiten" statt einen „Gott der Normen und Appelle" ins Spiel zu bringen, kann den Zugang zu Gott erleichtern, ohne das Credo, den Glauben zu verwässern. In den Begegnungen mit religiös Distanzierten werden möglicherweise schneller und nachhaltiger Vorurteile abgebaut. Auf der wissenschaftlichen Bühne ist der Dialog auf Augenhöhe möglich, weil Grenzen zwischen Naturwissenschaften (etwa Physik) und Geisteswissenschaften (etwa Theologie) fließend geworden sind.

Noch etwas: Wo ich Gott als Gott der Möglichkeiten glaube, muss ich nicht Gott als Buchhalter, Oberlehrer, Richter fürchten, sondern kann in spannungsvoller und zuversichtlicher Hoffnung mit ihm mein Leben entwerfen und gestalten, und, wenn es dann so weit ist, getrost sterben.

Veränderungen im Menschenbild würden befreiend auf jegliche Kommunikation wirken. Die Liste ist erstaunlich: Mehrwert an Toleranz, Verzicht auf Absolutheitsansprüche, Dialogbereitschaft (wenig verbale Festlegungen), Kompromissfähigkeit (mit variablen Standpunkte), Angstfreiheit in Konflikten und Konfrontationen (kein Identitätsverlust), Priorität der Beziehung (vor jeder Form von Materialisierung). Und alles wird relevant für Motivation und Mission.

C. VERSUCHEN

Versuch einer Annäherung an Annäherung

Das Zwanzigste Jahrhundert erinnere ich als Jahrhundert der Extreme. Im Positiven wie im Negativen. Extrem abgrundtiefes Erschrecken. Extrem grenzenloses Erstaunen.
Das Extrem der positiven Variante ist Entdeckung und Entfaltung eines scheinbar maßlosen Horizontes und einer scheinbar maßlosen Perspektive unseres Universums.
Was da bisher erkannt wurde, ist eigentlich unbegreiflich.
Haben wir es hier mit dem Absoluten zu tun? Mit Gott? Mit dem „Großen Geheimnis"?
Das Extrem der negativen Variante begegnet uns in Auschwitz. Wie konnte es je dazu kommen? Was geschah dort wirklich? Wohin kann es danach überhaupt noch gehen?
Was da bisher erkannt wurde, ist auch eigentlich unbegreiflich.
Haben wir es hier mit dem Absoluten zu tun? Mit Gott? Mit dem „Großen Geheimnis"?

Das Absolute ist absolut. Wenn es nicht absolut ist, ist es nicht das, was ich für absolut halten soll. Absolutes kennt keine Steigerung.

Ehrwürdige Denker lange vor dem Zwanzigsten Jahrhundert haben Erkenntnistheorien entworfen und verworfen. Sie haben über Erkenntniswege nachgedacht, zum Absoluten zu gelangen. Ihre Philosophien haben erstaunliche Gedanken zur Welt gebracht. Immer tiefere Fragen erschienen auf dem Schirm. Und immer neue Versuche, das Unsagbare zur Sprache zu bringen, machten von sich reden. Sie wollten das Unbegreifliche doch noch begreifen, auf einen Nenner bringen, in ein System fassen – definieren.
Platon und Sokrates, Kant und Hegel, Heidegger und Jonas – um nur ein paar Namen zu nennen.

Aber: Ist das Absolute sprachlich überhaupt fassbar?
Und was „ist" das Absolute dann, wenn es unsagbar bleiben muss?

Ein **ab**schließendes Ergebnis unserer Gedanken ist:
Es scheint absolut sicher, dass wir das Absolute nicht begreifen können. Wir wären „Gott"! Und Versuche dieser Art haben in der Geschichte der Menschheit immer in die Katastrophe geführt.

Ein **auf**schließendes Ergebnis unserer Gedanken könnte sein:
Wenn es so ist, dass wir Menschen nicht dahinter kommen können, was denn das Absolute wirklich ist, dann sind Menschen, die das behaupten, Illusionisten und Fantasten – sie sind ihre eigenen „Götzen".

Augustinus meldet sich: Wenn du denkst, du hast Gott begriffen, kann es nicht Gott gewesen sein! Übertrage ich diese Erkenntnis eins zu eins in unseren Zusammenhang, heißt das dann: Wenn du denkst, du hast das Absolute begriffen, kann es nicht das Absolute gewesen sein!

ERGO

In aller Demut stelle ich nun fest, dass ich mich dem Absoluten allenfalls annähern kann. Ich muss mich mit der Nähe zum Absoluten begnügen. Vielleicht ist es an der Zeit, „Annäherung" als Dimension zu verstehen, als Kategorie zu nutzen. So kann „Annäherung" zu sinnstiftender Definition werden, zur Hilfe für unsere Versuche, das Unsagbare, jenseits aller Vernunft, zu versprachlichen.
Das hätte für die Kommunikation zwischen Physik und Theologie, Naturwissenschaften und Geisteswissenschaften sowie in allen philosophischen Diskursen Folgen.

Es wäre es sinnvoll, auch im Bereich der Sprache „Annäherung" zu wagen. Das bedeutet, Worte suchen und auf dieser Spur „Annäherungen" praktizierend produzieren.

Es wäre eine doppelte Annäherung: Einerseits nähern wir uns von zwei unterschiedlichen Seiten dem Absoluten (Gott/Geheimnis). Und andererseits nähern wir uns einander. Der Annäherungsmodus löst den Modus der Abgrenzung und Absicherung ab.

Der Versuch von so verstandener Annäherung wird nicht funktionieren, wenn **Theologen** im Sprachraum ihrer (klassischen) Tradition bleiben oder sich dorthin zurückziehen. Definitionen wie Dogmen wirken eher als Mauern, dienen kaum als Brücken. Annäherungen aber brauchen eine „Brücken-Sprache".

Der Versuch von so verstandener Annäherung wird nicht funktionieren, wenn **Physiker** im Sprachraum ihrer (klassischen) Tradition bleiben oder sich dorthin zurückziehen. Auch hier gilt: Definitionen wie Dogmen wirken eher als Mauern, dienen kaum als Brücken. Annäherungen aber brauchen „Brücken-Sprache".

Der Physiker braucht/benutzt/setzt als Denk-Instrumentarium Zahl, Logarithmus, Rahmen – um Endliches zu denken.
Der Theologe braucht/benutzt/setzt als Denk-Instrumentarium Ewigkeit und Möglichkeit – um Unendliches zu denken.
Wer bestimmt die Priorität, die Qualität, die Relevanz?
Wer dominiert die Debatte?
Der Dialog zwischen beiden ist alternativlos.

Der Mensch will schon immer dem „Großen Geheimnis" nahekommen.
Das geschieht in Kultur, Religion, Wissenschaft und Technik.
Das „Große Geheimnis" könnte in allen diesen Bereichen eine Metapher sein für das, wohin alle irgendwie und schon immer unterwegs sind.
Fokussiert auf Physik und Theologie bedeutet das etwa dieses:
Der Physiker nähert sich dem „Großen Geheimnis" auf experimentellem Weg.
Der Theologe nähert sich dem „Großen Geheimnis" auf spirituellem Weg.

Es erschien sinnvoll, diesen Versuch am Begriff „Potentialität" zu wagen. Ohne den Begriff der Potentialität ist Quantenphysik nicht denkbar. Mit dem Begriff der Potentialität kann Theologie gut umgehen.

Gottfried Schleinitz (geb. 1938)

Theologe (Studium und Promotion in Leipzig),
Jugendpfarrer in Leipzig, Gemeindepfarrer in Wilkau-Haßlau
und Leipzig-Wahren,
Studienleiter am Predigerseminar Leipzig,
Seelsorgeberater, Supervisor (Deutsche Gesellschaft für Pastoralpsychologie)
Fast 60 Jahre verheiratet; vier Kinder, unzählige Enkel und Urenkel
Lebt in Leipzig
Kontakt: go.schleinitz@t-online.de